CATALOGUE

DE BEAUX LIVRES

ANCIENS ET MODERNES

CATALOGUE

DE

BEAUX LIVRES

ANCIENS ET MODERNES

Reliés par les premiers relieurs de Paris

LITTÉRATURE, HISTOIRE, OUVRAGES SUR LA BOTANIQUE ET L'HORTICULTURE

TROISIÈME PARTIE

Dont la vente aura lieu le Samedi 4 Avril 1868

RUE DES BONS-ENFANTS, N° 28

MAISON SILVESTRE

A 8 heures très-précises de relevée

Par le ministère de **M. DELBERGUE-CORMONT**, commissaire-priseur,
rue de Provence, n° 8.

———

PARIS

LIBRAIRIE TROSS

5, RUE NEUVE-DES-PETITS-CHAMPS, 5

—

1868

CONDITIONS DE LA VENTE.

Les adjudicataires payeront, en sus des adjudications, cinq centimes par franc, applicables aux frais.

Les livres vendus devront être collationnés sur place dans les vingt-quatre heures. Passé ce délai ou une fois sortis de la salle de vente, ils ne seront repris pour aucune cause.

Il y aura exposition publique le Samedi 4 avril 1868
(jour de la vente), de 2 heures à 4 heures.

—————

Un certain nombre de volumes portent sur le dos de la reliure le chiffre du propriétaire.

CATALOGUE

DE

BEAUX LIVRES

ANCIENS ET MODERNES

---

1. **Annales** de la cité de Genève, attribuées à Jean Savyon syndic. *Genève, Fick,* 1858. — Genève délivrée, comédie sur l'Escalade, composée en 1662 par Samuel Chappuzeau, publ. par J. J. G. Galiffe et Éd. Fick. *Genève, Fick,* 1862. — 1 vol. in-8, d.-rel. maroq. bl., non rogn., tête dor.

2. **Batissier.** Histoire de l'Art monumental dans l'antiquité et au moyen âge, suivie d'un traité de la peinture sur verre, par L. Batissier. *Paris, Furne,* 1860. Gr. in-8, fig., d.-rel. mar. r., non rogn., tête dor.

3. **Blancandin** et l'Orgueilleuse d'amour, roman d'aventures, publié pour la première fois par H. Michelant. *Paris,* 1867. In-8, br.
Exemplaire en papier de Hollande.

4. **Bonivard.** Advis et devis de la source de l'idolatrie et tyrannie papale, par quelle practique et finesse les Papes sont en si haut degré montez; par Fr. Bonivard. *Genève, Fick,* 1856. In-8, fig., d.-rel. mar. rouge, non rogn., tête dor.

5. **Bonivard.** Advis et devis de l'ancienne et nouvelle police de Genève, suivis des advis et devis de noblesse et de ses offices ou degrez et des III estatz monarchique, aristocratique et democratique. Des dismes et des servitudes taillables, par Fr. Bonivard. *Genève, Fick*, 1865. In-8, d.-rel. mar. brun, non rogn., tête dor.

6. **Bonstetten.** Deux visites à Nicolas de Flue. Relations de Jean de Waldheim et d'Albert de Bonstetten, trad. par Ed. Fick. *Genève, Fick*, 1864 Pet. in-8, gr. pap., d.-rel. mar. La Vall., non rogn., tête dor.

7. **Brunet.** Imprimeurs imaginaires et libraires supposés, étude bibliographique par Gustave Brunet. *Paris*, 1866. In-8, d.-rel. maroq. rouge, non rogn., tête dor.

> Exemplaire en grand papier de Hollande.

8. **Cabinet** satyrique (Le), ou Recueil de vers piquans et gaillards tirés des cabinets des sieurs de Sigognes, Regnier, Motin, Berthelot, Maynard et autres des signalez poëtes. *Au Mont Parnasse, de l'imprimerie de messer Apollon, l'année satirique (Hollande, vers 1690).* 2 vol. in-12, maroq. rouge, fil., tr. dorée.

> Bel exemplaire.

9. **Calvin.** Traitté des Reliques, ou Advertissement tres-utile du grand profit qui reviendroit à la Chrestienté, s'il se faisoit inventaire de tous les Corps Saincts et Reliques qui sont tant en Italie qu'en France, Alemagne, Espagne et autres Royaumes et pays, par J. Calvin. Autre traitté des Reliques, par Chemnicius, etc. *Genève, P. de la Rouiere*, 1599 (*Genève, Fick*, 1863). Pet. in-8, d.-rel. maroq. brun, non rogn., tête dorée.

10. **Cartier.** Relation originale du voyage de Jacques Cartier au Canada en 1534. Documents inédits sur Jacques Cartier et le Canada, par M. Michelant et A. Ramé. *Paris*, 1867. In-8, fig., broch.

> Exemplaire sur papier vélin Whatman à la cuve.

11. **Catalogue** des livres manuscrits et imprimés composant la bibliothèque de M. A. Cigogne. *Paris, Potier*, 1860. In-8, broch.

> Exemplaire en grand papier.

12. **Catéchisme** de l'Église de Genève. *Genève, Fick*, 1853. — Confession de foy, faicte d'un commun accord par les fideles qui conuersent ès pays bas. *S. l.*, 1561 (*Genève, Fick*, 1855). Exempl. sur papier jaune. — Comédie du Pape malade et tirant à la fin. *S. l.*, 1561 (*Genève, Fick*, 1859). — 1 vol. in-18, d.-rel. mar. v., non rogn., tête dorée.

13 **Cent cinq** Rondeaux Damour, publiés d'après un manuscrit du commencement du XVI° siècle, par Edwin Tross. *Lyon, imprimerie de Louis Perrin (Paris, Tross)*, 1863. Pet. in8, br.

> Charmant volume, un des plus beaux sortis des presses de Louis Perrin.

14. **Cervantes**. Los trabajos de Persiles y Sigismunda. Historia septentrional por Miguel de Cervantes Saavedra. 1617. *En Madrid, por Juan de Cuesta a costa de Iuan de Villaroel*. Pet. in-4.

> Bel exemplaire de la seconde édition, encore plus rare que la première. MM. Gallardo et Zarco del Valle en donnent une description exacte dans l'*Ensayo de una biblioteca española*, vol. II, pag. 393, n° 1781.

15. **Chartier**. Complaincte du Bergier : et responce de || la Pastorelle de Gransson composee p. || tresexcellent Rhetoricien maistre Alain || Chartier. *Imprime a Paris, s. d.* Pet. in-8, goth., de 4 ff., grav. sur bois au titre, d.-rel.

> Petit volume très-rare.

16. **Chefs-d'œuvre** dramatiques, ou Recueil des meilleures pieces du théatre françois. Avec des discours préliminaires par M. Marmontel. *Paris, Grangé*, 1773. In-4, fig. d'Eisen, v. gran.

17. **Claudiani** opera. *Florentiæ, per hæredes Philippi Juntæ,*

1519. Pet. in-8, maroq. brun à riches compart. dor., tr. dor.
cisel.

> Bel exemplaire, dans une charmante et fraîche reliure italienne
> du commencement du XVIe siècle. On lit sur le feuillet de garde la
> notice autographe : *Geor ius Triuultius iure hœreditatis sibi li-*
> *brum comparavit*, 1548.

18. **Cleri** totius Romanæ Ecclesiæ subjecti, seu pontificum
omnium omnino utriusque sexus, habitus, artificiosissimis fi-
guris, quibus Franc. Modii singula octosticha adjecta sunt,
nunc primum a Judoco Ammanno expressæ. *Francofurti, S.*
Feyrabend. 1585. Pet. in-4, 105 costumes grav. en bois, mar.
rouge, fil., tr. dor. (*Hardy-Mennil.*)

> Très-bel exemplaire.

19. **Dante,** con l'espositioni di Christophoro Landino et d'Ales-
sandro Vellutello, sopra la sua Comedia dell' Inferno, del Pur-
gatorio, e del Paradiso. Ridotto alla sua vera lettura per
Francesco Sansovino. *Venetia, Sessa*, 1578. In-fol., fig. en
bois, vél.

> Édition très-estimée.

20. **D'Argenville.** Abrégé de la vie des plus fameux pein-
tres, avec leurs portraits gravés en taille-douce. *Paris*, 1745-52.
3 vol. in-4, fig., v. marbr.

> Belles épreuves des portraits.

21. **De Bry.** Florilegium Novum, hoc est Variorum maxime-
que rariorum florum ac plantarum singularium una cum suis
radicibus et cepis, icones diligenter ære sculptæ et ad vivum
expressæ. *S. l.*, 1612. In-fol., frontisp. gr. et 116 planches (la
37e en double). — Sequentes plantæ partim hoc 1618, partim
superioribus annis floruerunt... in horto M. L. Th. Walliseri
Argentoratensis. *S. l., Jo. Th. de Bry*, 1618. Frontisp. gr. et
23 pl., 1 vol. in-fol., v. br.

> Ce joli recueil de planches n'est pas cité dans le *Manuel*.

22. **D'Orbigny.** Dictionnaire universel d'histoire naturelle,
publié sous la direction de M. C. d'Orbigny. *Paris*, 1841-49,

13 vol. in-8 et 3 vol. de pl. color., in-4, d.-rel. maroq. rouge.

Bel exemplaire.

23. **Éon** (Le chevalier d'). Lettres, mémoires et négociations particulières. *Imprimé chez l'auteur et se vend à Londres, chez J. Dixwell*, 1764. 3 part. — Note remise au comte de Guerchy. *Londres*, 1763. — Examen des lettres, mémoires et négociations particulières du chevalier d'Éon. *Londres*, 1764. — Lettre au duc de Choiseul, par Treyssac de Vergy. *Liége*, 1764. — Pièces authentiques pour servir au procès criminel du chevalier d'Éon contre le comte de Guerchy. *Berlin*, 1765. — Ensemble un fort vol. in-4, v. gr., fil.

Collection de pièces curieuses.

24. **Epistre** de Jaques Sadolet envoyée au Senat et au Peuple de Geneve, par laquelle il tasche les reduire soubz la puissance de l'Evesque de Romme. Avec la response de J. Calvin. *Genève, Michel du Bois*, 1540 (*Genève, Fick*, 1860). — La Guerre de Geneve et sa delivrance, fidellement faitte et composee par un marchant demeurant en icelle. *Genève, Fick*, 1863. (Tiré à 75 exemplaires.) — Fondation de l'Université de Bale, notice par E. Fick. *Genève, Fick*, 1863. (Tiré à 75 exempl.) — Lettres trouvées, pages historiques sur un épisode de la vie de Jean Diodati. *Genève, Fick*, 1864. (Tiré à 100 ex.) Ensemble, 1 vol pet in-8, d.-rel. mar. v., non rog., tête dor.

25. **Exercices** de pieté pour le renouvellement annuel des trois consecrations. I. Du Batesme. II. De la Profession religieuse. III. Du Sacerdoce. *Paris, Robustel*, 1723. In-12, mar. vert, fil., tr. dor. (*Ancienne rel. à chiffres entrelacés.*)

26. **Fastes** (Les) de Louis XV, de ses ministres, maîtresses, généraux et autres notables personnages de son règne. *A Ville-Franche, chez la veuve Liberté*, 1782. 2 vol. in-12, d.-rel. maroq. rouge, non rogn., tête dorée. (*David.*)

27. **Figures** de la Passion D. N. S. Jesus Christ. Presentées à

Madame la marquise de Maintenon par son tres humble ser-
viteur Seb. le Clerc. *Paris, Audran, s. d.* In-8 obl., cart.

> Suite de 36 planches rares. Exemplaire à toutes marges. Le pre-
> mier et le dernier feuillet sont montés.

28. **Flore** médicale, décrite par Chaumeton, Poiret Chamberet,
peinte par M. E. Panckoucke et J. Turpin. *Paris,* 1842-45.
6 vol. gr. in-8., fig. color., d.-rel. mar. r.

> On a ajouté comme 7e volume : Iconographie végétale, illustrée
> par Turpin, avec un texte explicatif de Richard. *Paris,* 1841. Gr.
> in-8, fig. color. (*Même reliure.*)

29. **Fromment.** Les Actes et Gestes merveilleux de la cité de
Geneve, nouuellement conuertie à l'Euangille, faictz du temps
de leur Reformation et comment ils l'ont receue, redigez par
escript en fourme de Chroniques, Annales ou Hystoyres, com-
mençant l'an MDXXXII, par Anthoine Fromment, mise en lu-
mière par Gustave Revillod. *Genève, Fick,* 1854. In-8, fig., d.-
rel. mar. vert, non rogn., tête dor.

> Exempl. sur papier chamois.

30. **Galerie** (La) electorale de Düsseldorf, ou Catalogue rai-
sonné et figuré de ses tableaux. Suite de 30 planches, contenant 365 petites estampes gravées d'après ces mêmes tableaux
par Chrestien de Mechel. Ouvrage composé par N. de Pigage.
Basle, 1778. 2 vol. in-fol. oblong, cart., non rog.

> Exemplaire unique auquel on a ajouté 28 EAUX-FORTES de
> ces planches, plus une autre eau-forte gravée pour cette collec-
> tion, mais qui n'a pas été publiée.

31. **Galerie** impériale-royale au Belvédère, à Vienne, d'après
les dessins de M. S de Perger, gravée par différents artistes;
avec un texte explicatif, critique et historique sur chaque objet. Publiée par Charles Haas. *Vienne,* 1821-28. 4 vol. in-4,
avec 240 planches, mar. rouge, fil., dos à la Dusseuil, tr. dor.
(*Hardy-Mennil.*)

> Exemplaire magnifique du premier tirage. Rare.

32. **Gessner** (Sal.). Contes moraux. *Zurich, chez l'auteur,*

1777-78. 2 vol. in-4, v. écaille à comp., tr. dor. (*Ancienne reliure.*)

> Avec les belles eaux-fortes gravées par l'auteur. Le texte de l'exemplaire est en allemand.

33. **Guignol**. Theatre Lyonnais de Guignol. Publié pour la première fois, avec une introduction et des notes. *Lyon, Scheuring*, 1865. Gr. in-8, fig., br.

> Beau volume imprimé par Louis Perrin. Exemplaire *en grand papier de Hollande.*

34. **Gutenberg** (Jean), premier maître imprimeur, ses faits et discours les plus dignes d'admiration, et sa mort (trad. de l'allem. de Dingelstedt par G. Revillod). *Genève, Fick*, 1858. In-4, d.-rel. mar. bleu, non rogn., tête dor.

35. **Holbein**. L'Alphabet de la Mort de Hans Holbein, entouré de bordures du XVIe siècle, et suivi d'anciens poëmes français sur le sujet des trois mors et des trois vis, publiés, d'après les manuscrits, par A. de Montaiglon. *Paris*, 1856. In-8, cart. en toile, n. rogn.

> Un des 12 exemplaires tirés sur *papier de Chine.*

36. **Inventaire** des titres recueillis par Samuel Guichenon, précédé de la table de Lugdunum Sacroprophanum de P. Bullioud, et suivi de pièces inédites concernant Lyon. *Lyon, L. Perrin*, 1851. In 8, mar. bleu, tr. dor. (*Trautz-Bauzonnet.*)

> Très-bel exemplaire sur papier de Hollande, provenant de la vente Yemeniz.

37. **Jussie**. Le Levain du Calvinisme, ou Commencement de l'Hérésie de Genève, faict par Rev. Sœur Jeanne de Jussie. *Chambery, les frères Du-Four*, 1611 (*Genève, Fick*, 1853). In-8, d.-rel. maroq. br., non rogn., tête dor.

38. **Kessler** (Jean), chroniqueur saint-gallois, notice par E. Fick. *Genève, Fick*, 1860. — Discours admirable de l'art de terre, de son utilité, des Esmaux et du Feu, par Bernard Palissy. *Genève, Fick*, 1863. — 1 vol. pet. in-8, d.-rel. mar. br., n. rogn., tête dor.

39. **La Fontaine**. Contes et Nouvelles en vers, par Jean de La Fontaine. *Paris, Didot*, 1795. 2 vol. in-8, pap. vél., v., fil. dent., tr. dor.

40. **La Quérière**. Notice historique et descriptive sur l'ancien Hotel de Ville, le beffroi et la grosse horloge de Rouen, par E. de La Quérière. *Rouen*, 1864. In-4, 3 pl., br.

41. **Leçons** de philosophie de M. Laromiguière jugées par M. V. Cousin et Maine de Biran. *Paris*, 1829. In-8, d.-rel. mar. rouge, non rogn., tête dor.

42. **Lemaire**. Le Jardin fleuriste, journal général des progrès et des intérêts horticoles et botaniques, par Ch. Lemaire. *Gand*, 1851-54. 4 vol. in-8, 430 planches color., d.-rel. mar. br., non rogn., tête dor.

43. —— L'Illustration horticole. Journal spécial des serres et des jardins, rédigé par Ch. Lemaire et publié par Verschaffelt. *Gand*, 1855-64. 9 vol. gr. in-8, grand nombre de planches color., d.-rel. maroq. bleu, non rogn., tête dor.

  Vol. II à VIII, X et XI.

44. **Lescarbot**. Histoire de la Nouuelle-France, contenant les nauigations, découuertes et habitations faites par les François ès Indes Orientales et Nouuelle-France. Avec les mœurs de la Nouuelle-France. Par Marc Lescarbot. Nouvelle édition, publ. par Edwin Tross. *Paris*, 1866. 3 vol. in-8, cartes, broch.

  Exemplaire en grand papier de Hollande.

45. **Le livre** du recteur, catalogue des étudiants de l'Académie de Genève de 1559 à 1859. *Genève, Fick*, 1860. In-8, d.-rel. mar. bleu, non rogn., tête dor.

46. **L'ordre** du college de Geneve. *L'Olivier de Rob. Estienne*. Leges Academiæ Geneuensis. *Oliva Roberti Stephani Genevæ* (*Genève, Fick*, 1859). In-4, d.-rel. mar. vert, non rogn , tête dor.

47. **Lowe**. Les Plantes à feuillage coloré, par E. J. Lowe et

W. Howard, trad. par Rothschild. *Paris, Rothschild,* 1865. In-8, fig. noires et 60 pl. color., d.-rel. mar. r., non rogn., tête dor.

48. **Margry.** Les Navigations françaises et la Révolution maritime du XIVe au XVIe siècle, d'après des documents inédits tirés de France, d'Angleterre, d'Espagne et d'Italie, par P. Margry. *Paris.* 1867. In-8, fig., grand papier, broch.

49. **Michel.** Études de philologie comparée sur l'argot et sur les idiomes analogues parlés en Europe et en Asie, par Francisque Michel. *Paris,* 1856. In 8, d.-rel. mar. r.

50. **Office** de la vierge Marie, avec les Pensées et Élévations d'esprit sur chaque heure, par J. J. D. B. *Paris,* 1640. In-12, fig., cuir de Russie, fil., tr. dor.

> Le frontispice gravé porte : Les Heures de la nouvelle Imprimerie inventée par P. Moreau.

51. **Parmentier.** Traité sur la culture et les usages des pommes de terre, de la patate et du topinambour, par Parmentier. *Paris,* 1789. In-8, mar. rouge, fil., tr. dor. (*Anc. reliure armoriée.*)

> Bel exemplaire d'un volume curieux et rare.

52. **Phædri,** Aug. liberti, fabularum æsopiarum libri V, notis illustravit, in usum ser. princ Nassavii, David Hoogstratanus. *Amstelodami, Fr. Halma,* 1701. Gr. in-4, portr. et fig., veau.

> Bel exemplaire en papier fort de cette édition, recherchée à cause des belles gravures dont elle est ornée.

53 **Platter.** La Vie de Thomas Platter, écrite par lui-même. *Genève, Fick,* 1862. Gr. in-8, fig., d.-rel. maroq. vert, non rogn., tête dor.

54. **Règne végétal,** divisé en Traité de Botanique générale, Flore médicale et usuelle, Horticulture botanique et pratique, Plantes agricoles et forestières, par O. Réveil, F. Gérard, A. Dupuis et F. Hérincq. *Paris, Guérin, s d.* 8 vol. de texte in-8, et 8 vol. de planches color. pet in-4, d.-rel. mar. rouge, non rogn., tête dor.

55. **Réthel** (Ardennes). Discours du siege mis deuant Rhetel par **M.** le duc de Guise. Ensemble ce qui s'est passé audict siege. *Paris, Ant. Du Breuil*, 1617. In-8, 8 pages, cart.

56. —— Prise et reduction des ville et chasteau de Retheil en l'obeissance du Roy par **M.** le duc de Guyse. *Paris, Jean Regnovl*, 1617. Pet. in-8, 8 pages, cart.

> Deux pièces rarissimes.

57. **Revillod.** La Cité de Bâle au XIVᵉ siècle, par G. Revillod. *Genève, Fick*, 1863. — Jost Alex, ou Histoire des souffrances d'un protestant fribourgeois de la fin du XVIᵉ siècle, racontée par lui-même. *Genère, Fick*, 1864. (Tiré à 125 exempl.) — 1 vol. in-8, d.-rel. mar. br., non rogn., tête dor.

58. **Ridinger.** Représentation des animaux selon leur grande variété et leurs belles couleurs, suivant des dessins originels publiés par Martin-Élie et Jean-Jacques Ridinger. (Avec l'explication en allemand et en français.) *Imprimé à Augsbourg (vers 1768).* 2 vol gr. in-fol., fig. color., d.-rel. maroq., non rogn.

> On trouve difficilement ce livre, dont les planches sont belles. Le premier volume contient 64 planches, y compris le portrait de Ridinger ; le second 65, y compris un frontispice. Bel exemplaire.

59. **Sagard.** Histoire du Canada et voyages que les Frères mineurs Recollects y ont faicts pour la conuersion des infidelles, divisez en quatre liures, où est amplement traicté des choses principales arriuées dans le pays depuis 1615 jusqu'à la prise qui en a esté faicte par les Anglois ; avec un dictionnaire de la langue huronne. Nouvelle édition, publiée par Edwin Tross, avec une notice sur Gabriel Sagard Théodat, par H. Émile Chevalier. *Paris*, 1864-1866. 4 vol. in 8, broch.

> Un des quelques exemplaires sur papier de Hollande.

60. **Satyres** chrestiennes de la cuisine papale. *Imprimé par Conrad Badius,* 1560. (*Genère, Fick*, 1857). In-8, d.-rel. mar. rouge, non rogn , tête dor.

61. **Sêve.** Delic, objet de plus haute vertu. Poësies amoureuses,

par Maurice Seve, Lyonnois. *Lyon, N. Scheuring (imprimerie de Louis Perrin)*, 1862. Pet. in-8, fig. en bois, br.

62. **Thaer.** Principes raisonnés d'agriculture, traduits de l'allemand d'A. Thaer par E. V. B. Crud. *Paris, Paschoud*, 1811-16. 4 vol. in-4, fig., d.-rel. mar. r., non rogn., tête dor.

63. **Vaillant** (S.). Botanicon parisiense, ou Dénombrement par ordre alphabétique des plantes qui se trouvent aux environs de Paris. *Leyde*, 1727. In-fol., cart. et fig., veau jasp. à comp.

Bel exemplaire en grand papier.

64. **Van Houtte.** Flore des serres et des jardins de l'Europe, journal général d'horticulture, publ. sous la direction de L. Van Houtte. *Gand*, 1845-67. 15 vol. in-8, grand nombre de planches color., d.-rel. maroq. vert, et le 16me volume en livraisons.

Magnifique publication dont plusieurs volumes sont épuisés.

65. **Vie** de tres haulte, tres puissante et tres illustre dame madame Loyse de Savoye, religieuse au couuent de madame Saincte-Claire d'Orbe, escripte en 1507 par une religieuse; avec des notes historiques par l'abbé Jeanneret. *Genève, Fick*, 1860. Gr. in-4, portr., d.-rel. maroq. br., non rogn., tête dor.

66. **Zaleski.** La Vie des steppes kirghizes, descriptions, récits et contes, texte et illustrations à l'eau-forte par Bronislas Zaleski. *Paris*, 1865. In-fol. obl., broch.

67. **Buffon.** Histoire naturelle, générale et particulière, par George-Louis Leclerc, comte Buffon. *Paris, Imprimerie roy.*, 1749-1804. 44 vol. in-4, fig., veau marbr., fil.

Bel exemplaire parfaitement complet. Histoire naturelle générale et particulière, 1749-67. 15 vol. — Supplément, 1774-89. 7 vol. — Oiseaux, 1770-1783. 9 vol. — Minéraux, 1783-88. 5 vol. — Ovipares et serpents, par Lacépède, 1788-89. 2 vol. — Poissons, par le même, 1798-1803. 5 vol. — Cétacées, par le même, an XII.

IMPRIMERIE D. JOUAUST

338, RUE SAINT-HONORÉ

A PARIS

9 782329 520131